Fyra årstiders Haiku

Våren

Christer Foghagen

Detta är en hyllning till livet.

© 2021 Foghagen, Christer
Förlag: BoD – Books on Demand, Stockholm, Sverige
Tryck: BoD – Books on Demand, Norderstedt, Tyskland
ISBN: 9789180070072

Haiku är en relativt outforskad form för mig. Jag använder därför en vanlig struktur i den första bokens haikudikter för att därefter justera struktur och form något. Jag vill undersöka haikudiktens potential men även om man kan modifiera formen och fortfarande betrakta det som haiku. En sorts fenomenologisk undersökning av haikudikten om man så vill.

Haiku är en japansk diktform bestående av 17 mora fördelat på maximalt tre rader med en fördelning på 5-7-5. Anledningen till att jag vill laborera med formen är att stavelser inte helt motsvarar den enheten mora som är den rytmbärande enheten i japansk haiku.

Att hänga upp rytmen på stavelser är en anpassning av haikuformatet till bland annat engelskan och svenskan. Därför prövar jag att modifiera detta, särskilt i seriens tredje och fjärde böcker.

Bok två har jag begränsat till totalt sjutton stavelser fördelat på tre rader (en japansk haiku omfattar ju 17 mora). Det innebär att jag kan ha en fördelning på 5-6-6; 6-6-5; 5-5-7; 5-7-5 e.dyl.

*Gemensamt är att alla böcker håller fast vid max
tre rader och alla arbetar med årstidsreferenser på
olika sätt.*

*Haikuformen kräver total närvaro för att man ska
kunna säga det som man avser säga. Det korta
formatet är en utmaning. Att samtidigt undersöka
formatet i sig gör det spännande. Oavsett resultat,
det vill säga om du tycker att mina texter kan
betraktas som haiku eller inte, så önskar jag dig
trevlig läsning.*

*Upplägget är; en dikt om dagen med förhoppning
om att väcka tankar och mana till närvaro. Ett
försök att göra oss observanta på den årstid som
ligger för våra fötter. Trevlig läsning.*

Hälsningar

Christer Foghagen

Mars

I

livet åter här
lättare att andas nu
snödroppar blänker

II

praktfulla toner
i en färgstark serenad
våren samlar kraft

III

smältvatten porlar
barkbåtens vita segel
väver ny årstid

IV

en doft av gröna
späda tränger de upp
sträcker sig mot vårsol

V

förr var tiden svår
men ljuset av vårens sol
landade hos oss

VI

magra och slitna
huskroppar av grå betong
bland vårens blommor

VII

hästhov i diket
med nedböjd blick rusar vi
någon stannar upp

VIII

utanför spelar livet
inne sitter vi
med blommor i vas

IX

det är en vårljus saga
men ibland tror jag
att allt är bestämt

X

när de första bladen
vandrar i dess skugga
till kyrkklockors klang

XI

ett slitet rockkafé
bland flaskor och glas
snödroppar och krokus

XII

tunna solstrimmor
vägar torkar till
gör hemlöshet lättare

XIII

den gröna färgen
som hade gömt sig
har nu åter krupit fram

XIV

under en pressenning
vedtravens slaktrester
täcker ett råttbo

XV

när isar smälter
säger alla sagor
att kärleken ska spira

XVI

lyssna uppmärksamt
tillvaron fylls med liv
och vi tjärar båten

XVII

de första fåglarna
tvingar mig att inse
det var på tiden

XVIII

tager du denna
spröda vackra blomsterkvist
mot vår solnedgång

XIX

alla väntar på sin tur
Tusse och Gulan
dansen går i stå

XX

gubben plirar upp
grovsnus under läppen
detta är sanningen

XXI

vindpinade gubbar
finns väl inte mer
barndomens äventyr

XXII

våren är en gåva
stress, jäkt och ångest
i väntan på sommar

XXIII

när drömmen tar slut
ser jag våren som den är
konsum har stängt nu

XXIV

andra dagar nu
kaffet kokar snabbare
katten fångar möss

XXV

tändkulemotor
ångmaskiner är passé
likaså vintern

XXVI

skakad av oro
kung Bore och hans hov
otidsenligt väsen

XXVII

när solen värmer
'Fernsehturm', 'Berlin Mitte'
blandade känslor

XXVIII

regnet faller lätt
även om våren var fin
gick båten på grund

XXIX

du borde svara mig
jag tutar och tutar
mot fuktig asfalt

XXX

Vörösmarty tér
välkomnar marssolen
jag njuter av bilden

XXXI

Pirita kloster
ruinen påminner oss
jag ser endast dig

April

I

våren bär en längtan
späda tunna löv
gör det lätt att andas

II

alla stjärnor som faller
samlar önskningar
min önskan är vår

III

med bara fötter
leder mina steg
genom vårvarm blomteräng

IV

du borde dansa
när svalorna bevakar
ett soligt sinne

V

vi minns tillbaka
eller blickar framåt
medan snön smälter

VI

blåsippan är ett omen
låter oss ana
ett livsmirakel

VII

till separatorns toner
vaknade barnen
lagom till 'kosläpp'

VIII

vi får tala tyst
inte störa lövsprickning
i natt händer det

IX

våren är likt dig
skör och samtidigt stark
skänker mig trygg vila

X

livet fylls av väntan
att födas än en gång
svindlande tanke

XI

en jakt på bekräftelse
när dagar ljusnar
tåget kör förbi

XII

otur eller tur
det blir vad vi gör det till
här är det vår nu

XIII

tallar och vårblommor
stora skillnader
påverkar min andning

XIV

lagar vi bör följa
handlingar vi dölja
våren dämpar oron

XV

sporrspindeln väver
drömmar om en framtid
när tågen är i tid

XVI

Pyhätunturi
har en annan vår
än våren på berkeskär

XVII

alla barn är små
även långa och tjocka
blommor luktar gott

XVIII

jag dansade i natt
jag dansade i natt
i ångvisslans sken

XIX

när våren knackar på
vandrar i tystnad
dagar kommer och går

XX

mirakel, ett stort ord
naturligt likaså
störst av allt är livet

XXI

mars är en planet
en Gud, en urban dröm
jag vandrar bland blommor

XXII

vit chokladkaka
svart som en kopp kaffe
alla kunde knarka

XXIII

har aldrig älskat
när fåglar återkommer
gråter du alltid

XXIV

ha ha ha ha ha
vara människa
svidande är all kritik

XXV

nu blundar stjärnor
alla himlar skälver nu
när loket startar

XXVI

om fåglar och blommor
dansa med mig i natt
jag älskar dig alltid

XXVII

en gång var det vi
nu är det alla
solen lockar fåglarna

XXVIII

i mars och april
sjunger alla själar sång
dansa med mig nu

XXIX

jag saknar livskraft
dagen ger vårljus
jag vill vara människa

XXX

du anar inte
ljuset ger oss styrka nu
vi älskar igen

Maj

I

alla dagar vi såg
vandrade ensamma
under Stockholms himmel

II

min nervositet
staden ligger stilla
djurgården lugnar dig

III

du är säkert min
kanske är jag din
våren är absolut vår

IV

måste inte måste
vara som andra
klockan slår bara för oss

V

alla vandrar här
det stör mig mycket
det är bara mitt problem

VI

hör blommor våren till
det är ju lite sjukt
jag vandrar helt ensam

VII

nu är våren din
men den är även min
och barnen sjunger jass

VIII

alla barnen dansade
vind genom säven
för dig och för mig

IX

med ljuset kommer
alla dagar flyger
i dina andetag

X

solen hos mig och dig
vikten i bly och guld
framför mig ligger du

XI

många kan bära
blommor i sitt hår
det har aldrig passat mig

XII

dagar som lämnar
Stockholm i förfluten tid
kål, tobak och kox

XIII

stilla vid min sida
sänker rösten något
stör oss inte nu

XIV

tillvarons skälvning
fick dig att vakna
nyfikna sippor kom fram

XV

jag såg dig komma
sprida glädje och prakt
sätta färg på allting

XVI

alla andra bär
sol och blommor i sitt hår
där jag bär tårar

XVII

stävar ut igen
ålakråkan bevakar
klockan på torget

XVIII

Lundapågarna
när dagarna blir längre
och almarna ler

XIX

en visa kom till mig
dansade en stund
till dieselmotorns sång

XX

lagar bygger land
land och jord ger liv
vår Fordson sprider gödsel

XXI

takdropp och lätt vind
sipporna vajar vita
i drömmar mina

XXII

flugorna surrar
för vår berättelse
betyder ljudet allt

XXIII

du drack svart kaffe
Paris eller Karlsbron
vid Seine eller Moldau

XXIV

det kommer en dag
när vi känner fler som dött
än som har livet

XXV

våren fyller segel
uteserveringen
luktar friskt och gott

XXVI

allt detta djävelskap
fiskar som hoppar
till vilken nytta

XXVII

tro inte ögonen
ängen kan ej finnas
den är för vacker

XXVIII

en kärrsångare
sjunger ut tropiskt budskap
snart kommer värmen

XXIX

de kommer tillbaka
tofsvipor och starar
med hoppfullt budskap

XXX

göken gol i maj
nu sjunger studenter snart
jag vilar en stund

XXXI

vattenlek och sol
väntande drömmar
vi har alla ett ansvar